D1672346

# Voyage

Yūichi Yokoyama

# Voyage

ÉDITIONS MATIÈRE
26 boulevard Paul Vaillant-Couturier, 93100 Montreuil

Mise en couleurs de la couverture :
Nicolas Frühauf

ISSN 1765-7717
ISBN 2-9520842-4-6
Dépôt légal — 1ᵉʳᵉ édition : août 2005

Titre original :
『トラベル』 *Toraberu*

© 横山裕一 Yūichi Yokoyama, 2005
〒350-1326 Saitama-ken
Sayama-shi, Tsutsujino 4-17-202, Japon
tél./fax : 0081 (0) 42 952  5523
e-mail : bw3sod3bqr5q3qrj234x@docomo.ne.jp

© Éditions Matière, 2005
26 boulevard Paul Vaillant-Couturier
93100 Montreuil, France
tél./fax : 01 45 82 21 15
www.matiere.org

IMAGÈME

Collection dirigée par Laurent Bruel

AVERTISSEMENT AU LECTEUR

L'œuvre de Yūichi Yokoyama publiée ici est présentée dans son sens de lecture originel. Les pages comme les cases s'y succèdent de droite à gauche selon le schéma suivant :

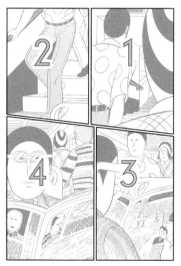 

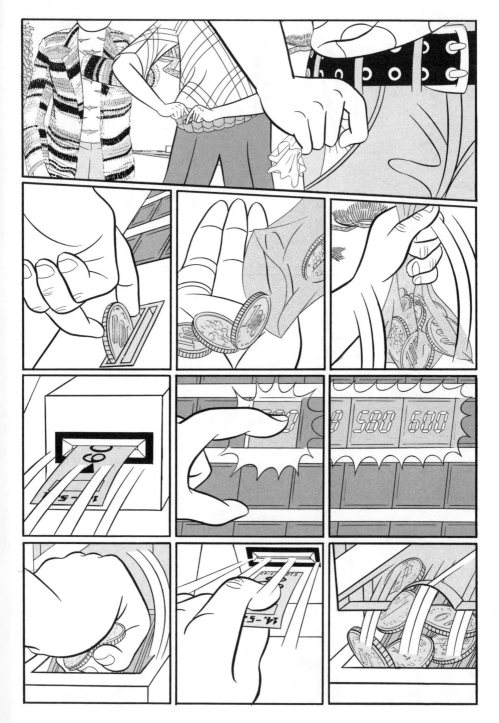

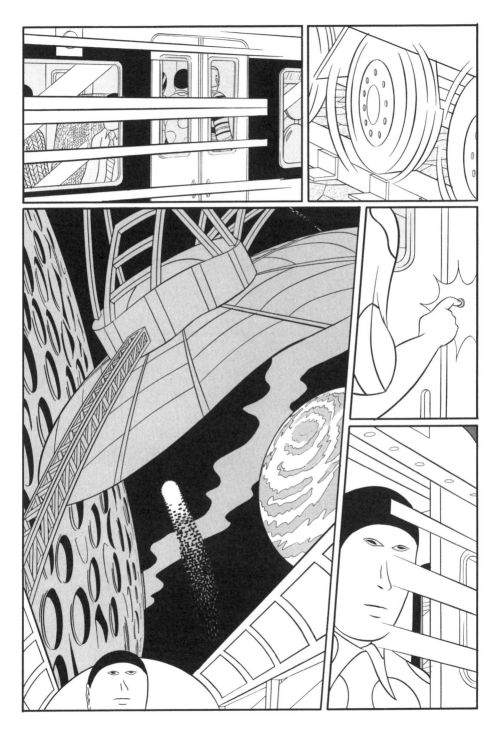

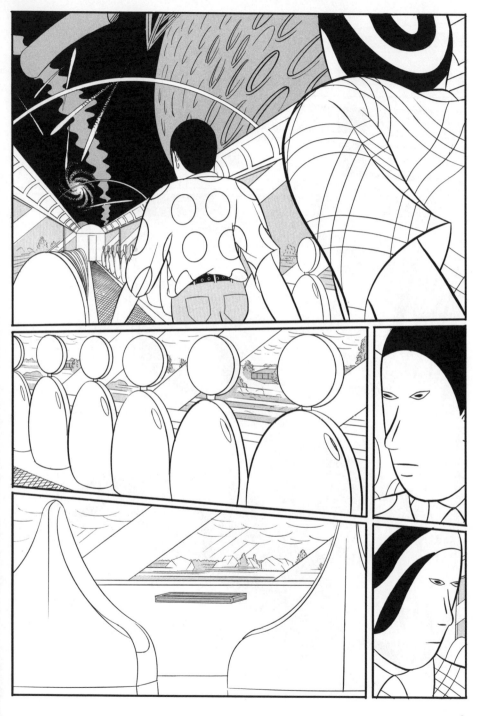

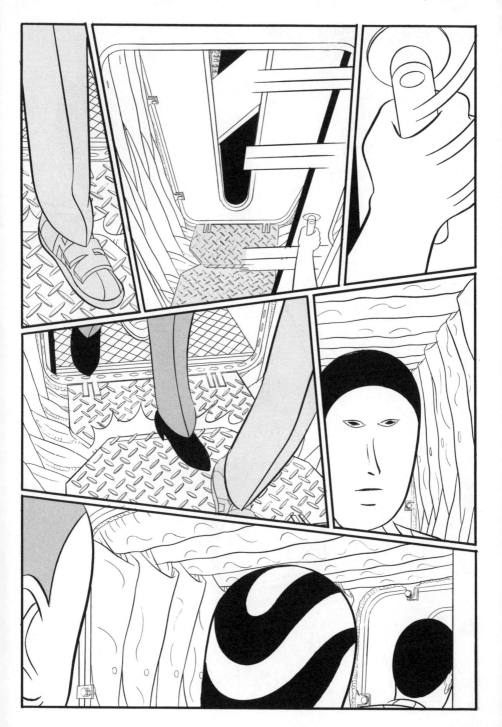

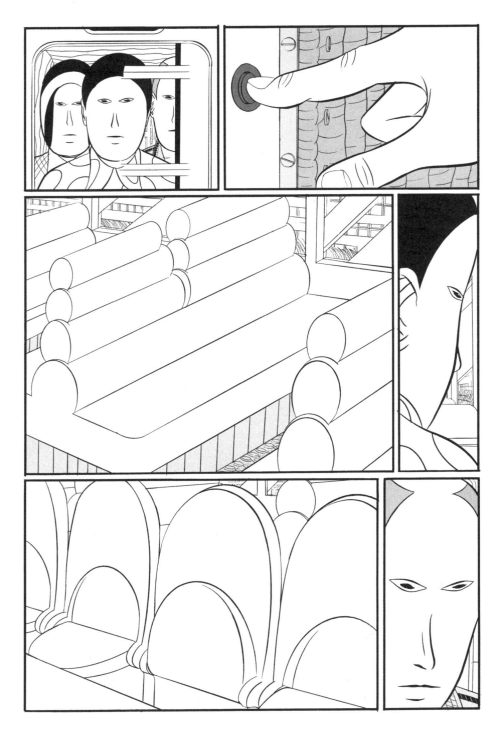

21

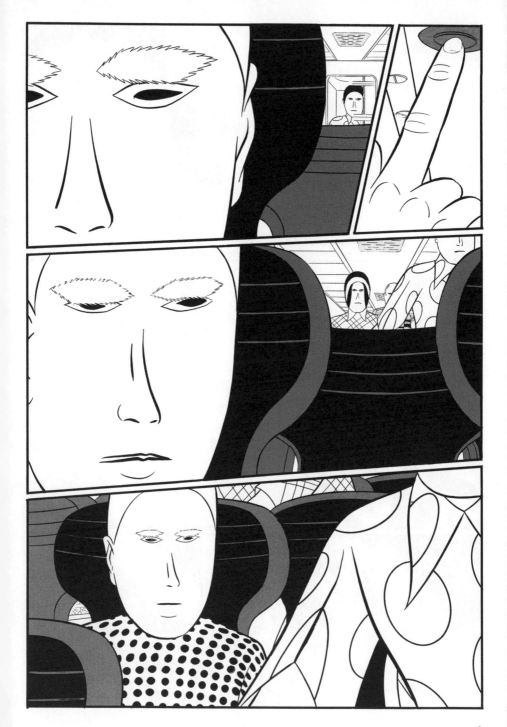

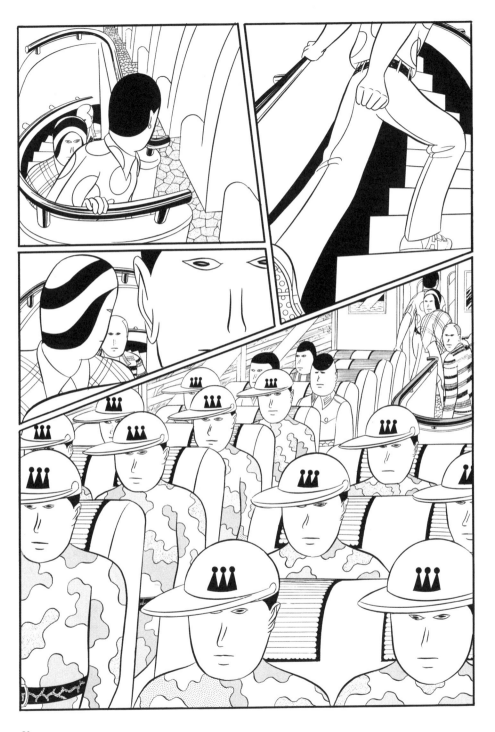

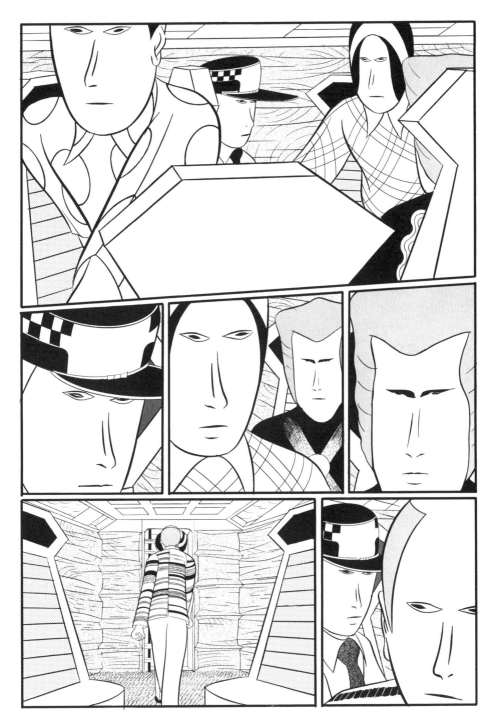

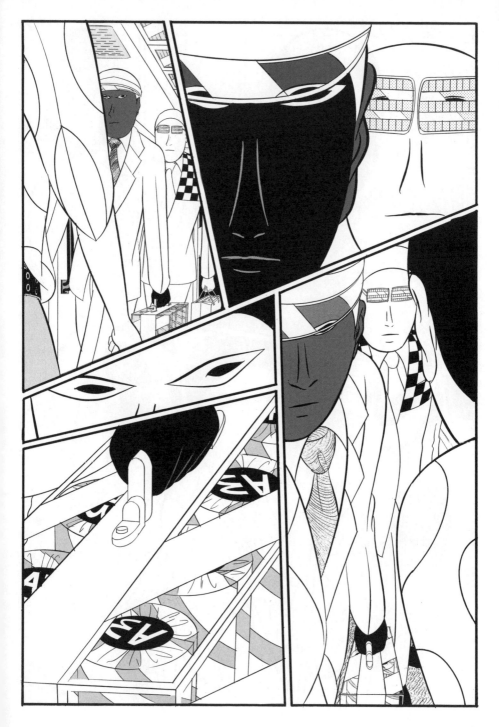

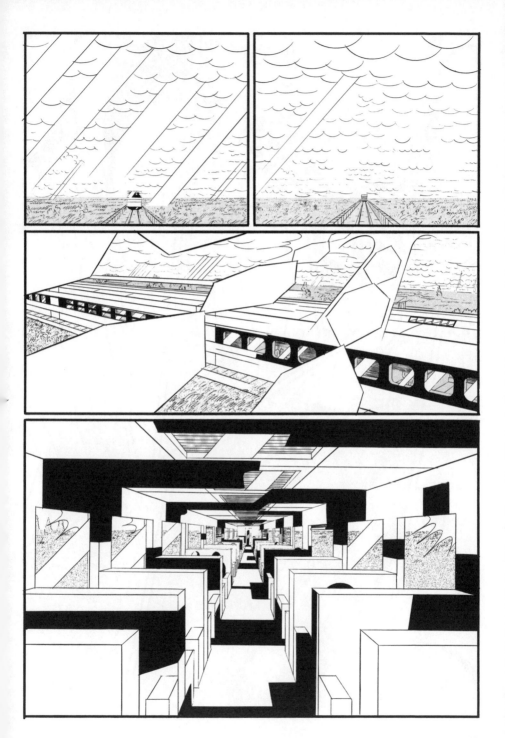

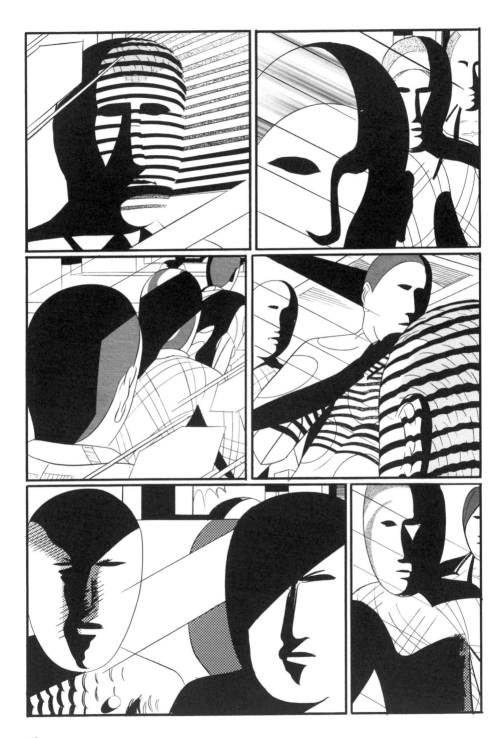

44

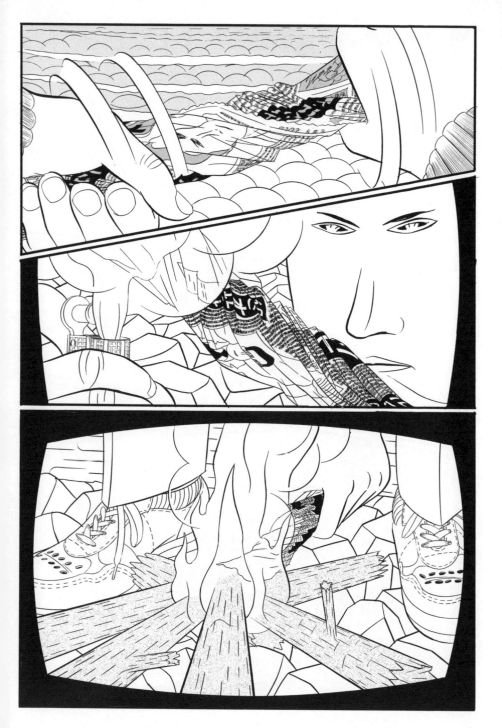

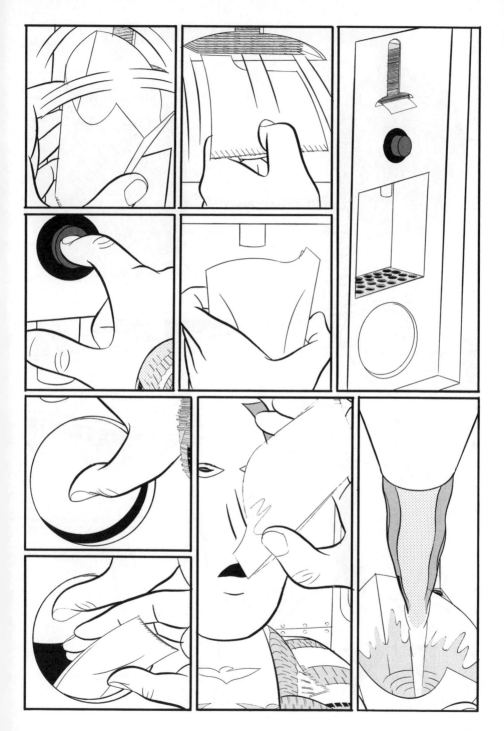

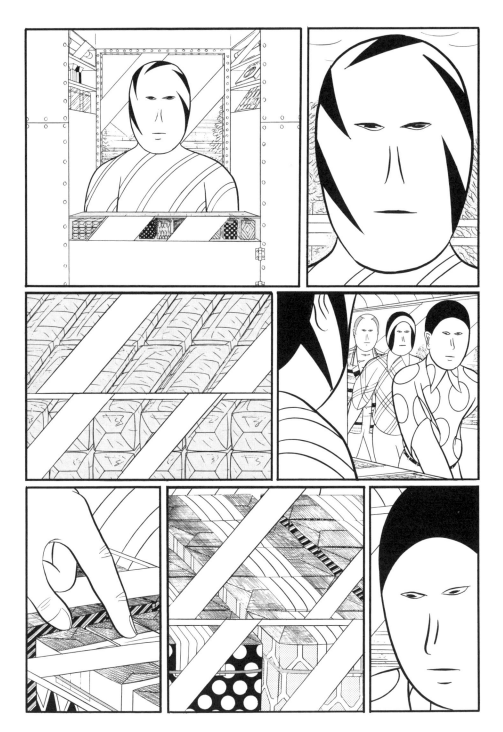

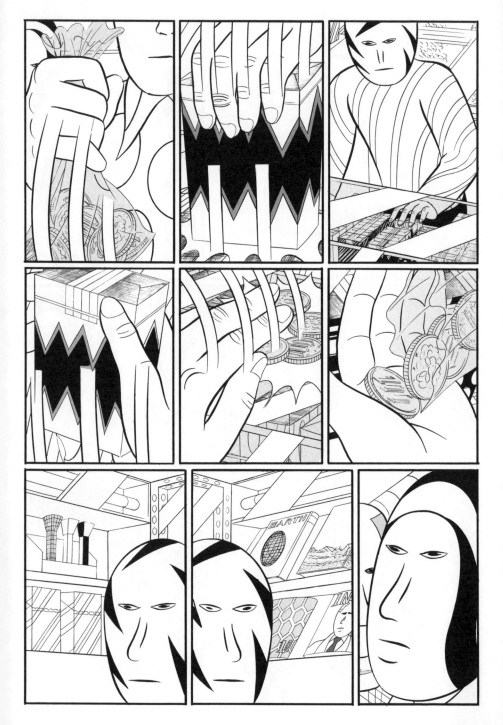

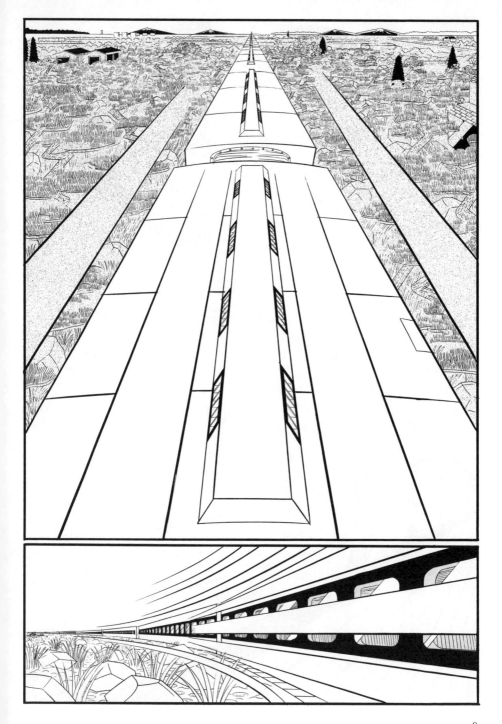

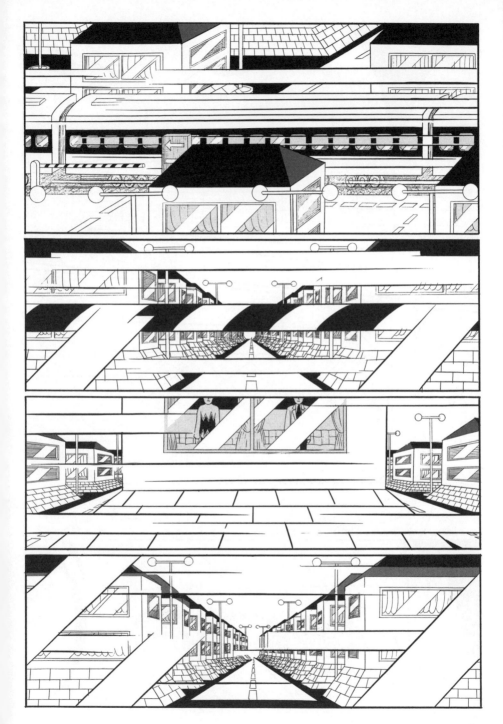

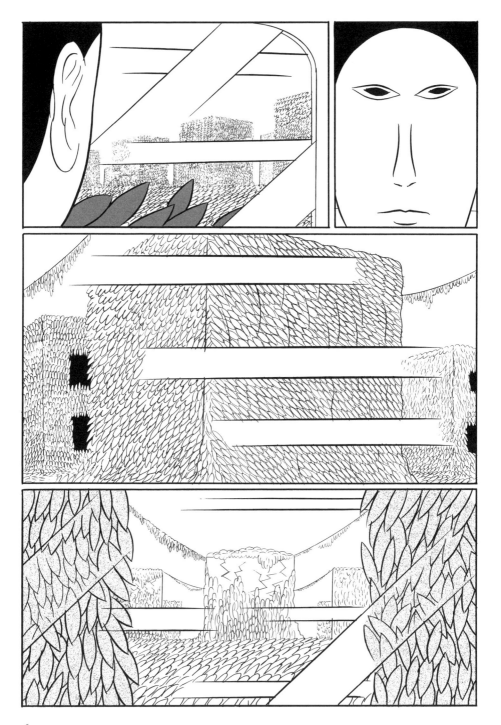

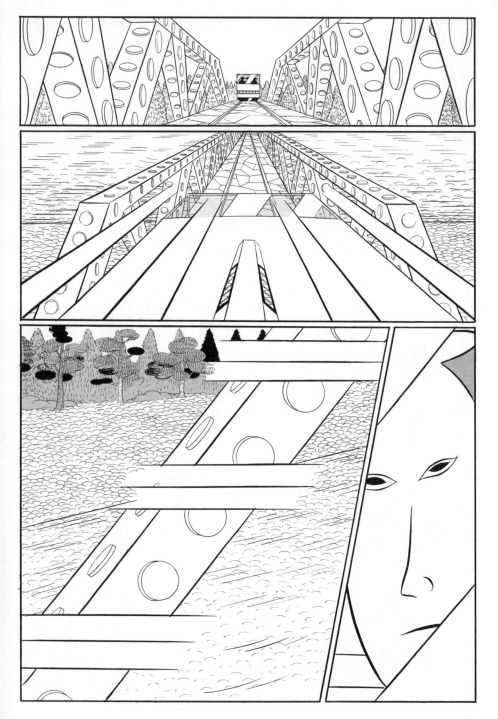

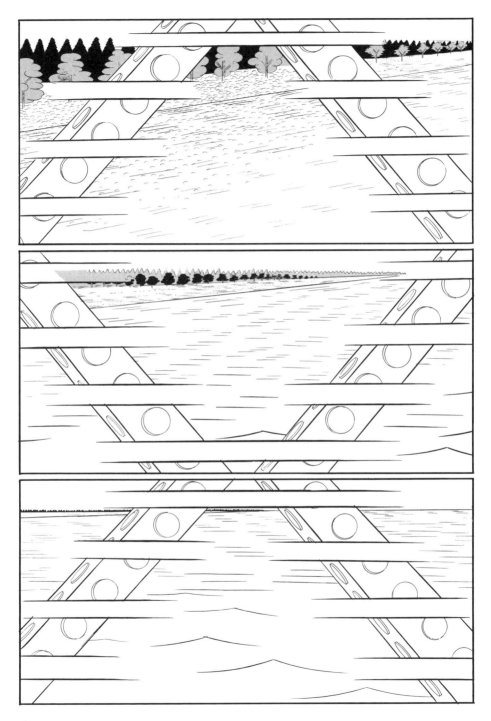

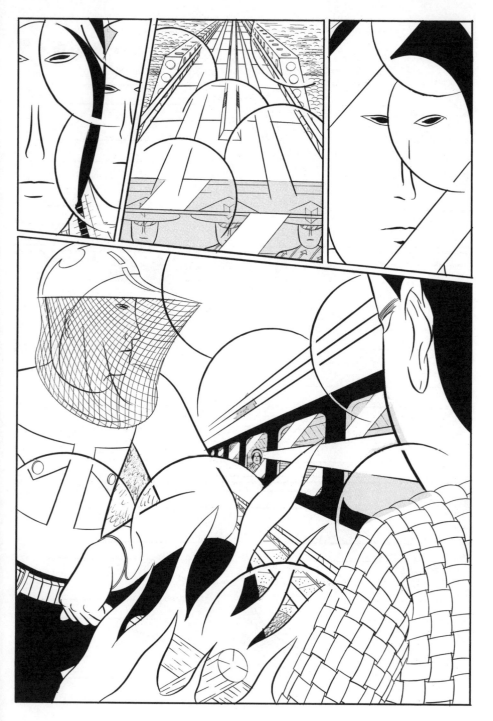

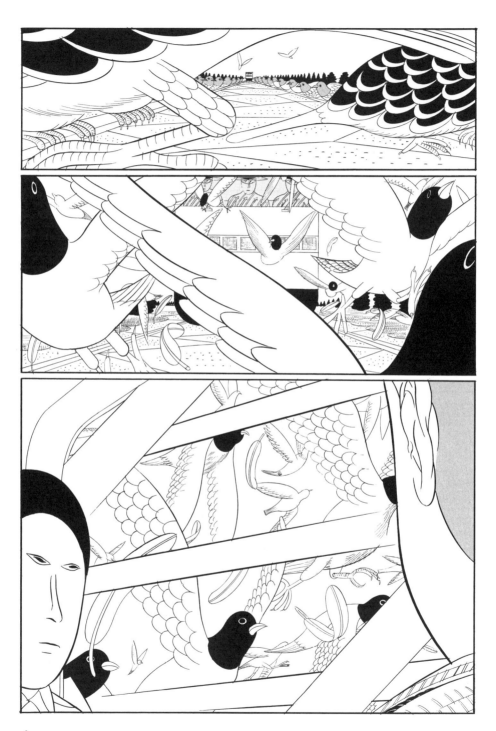

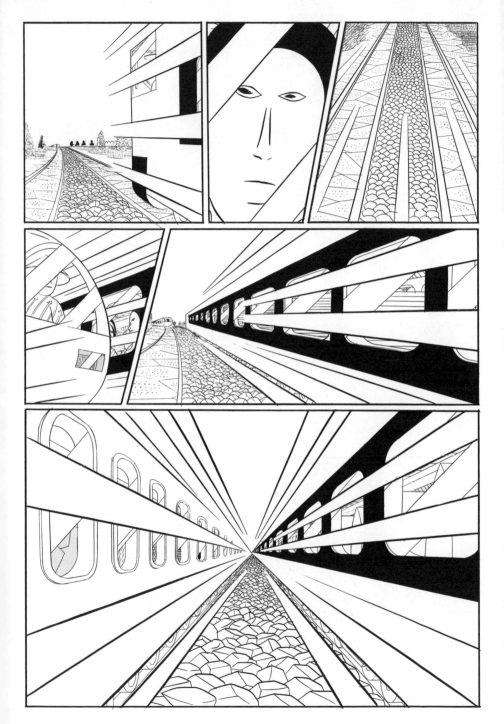

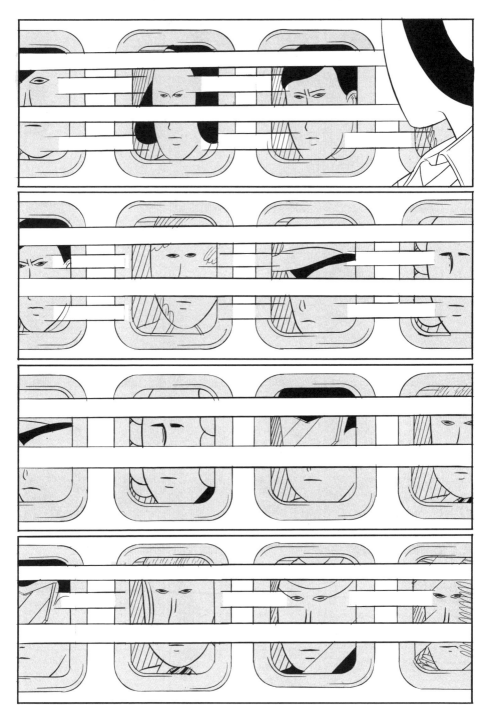

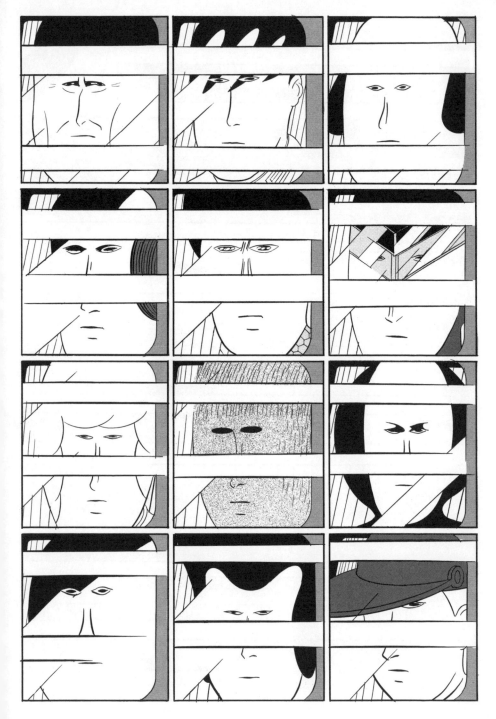

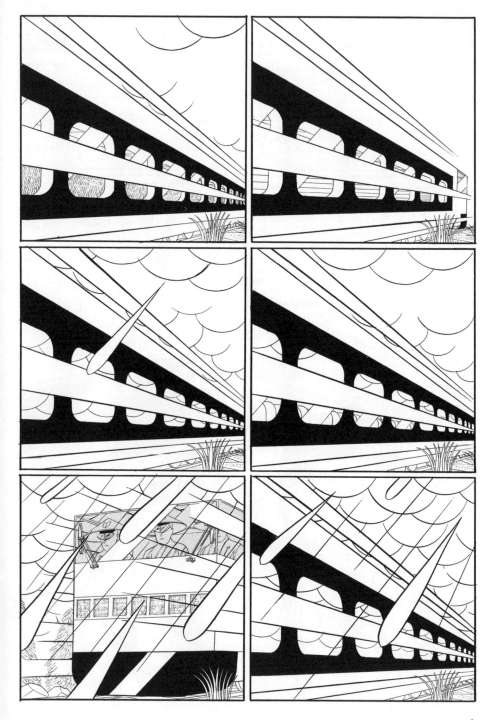

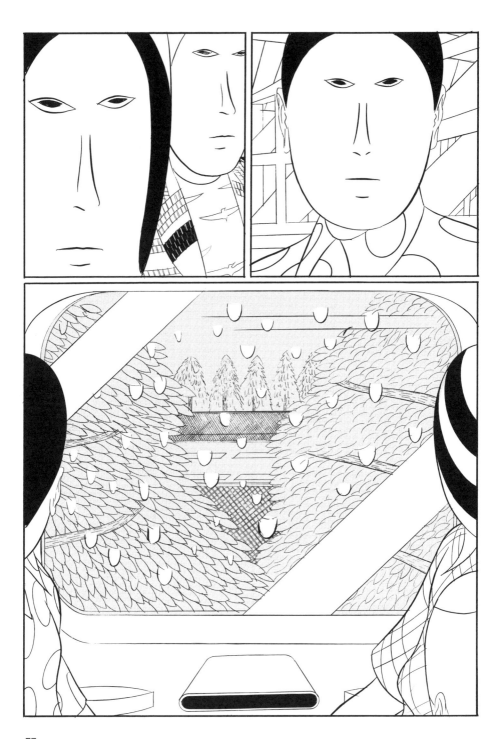

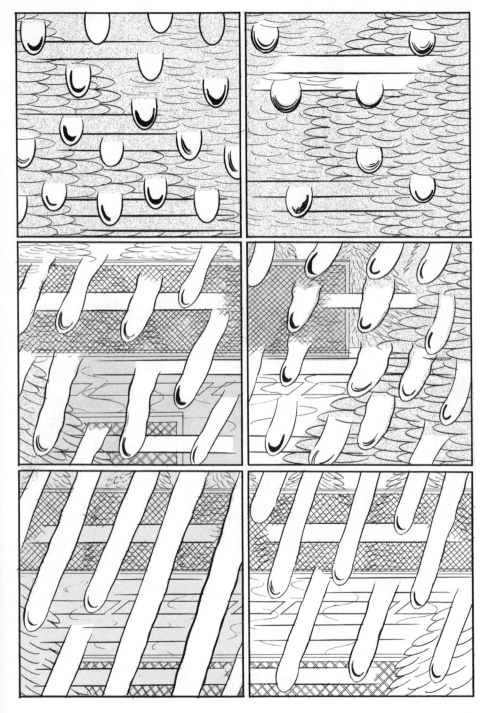

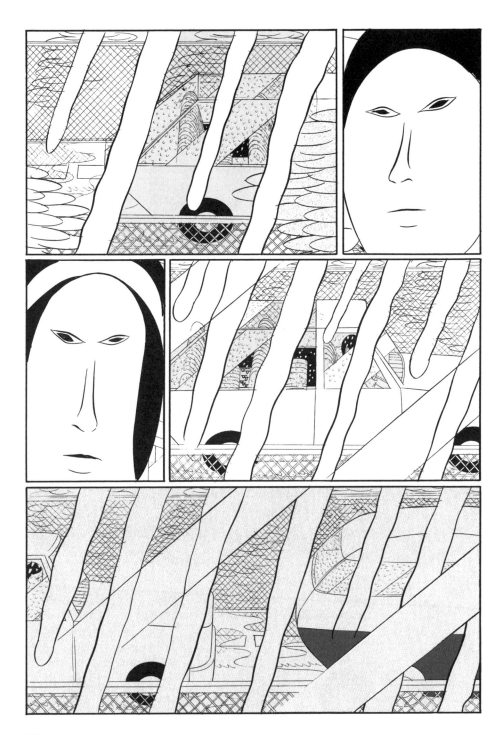

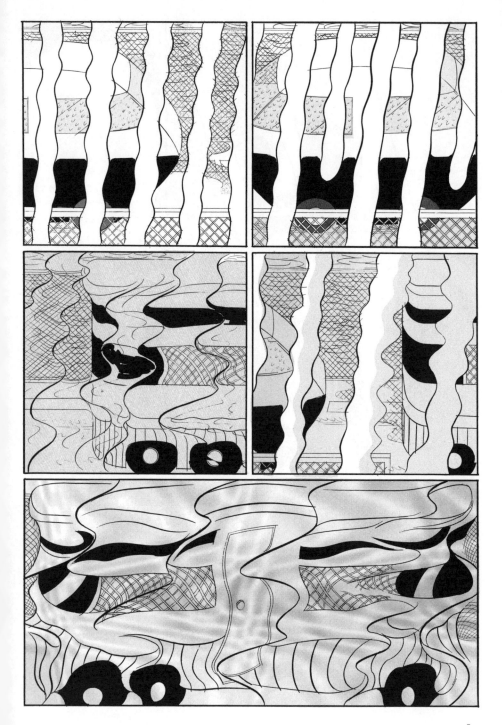

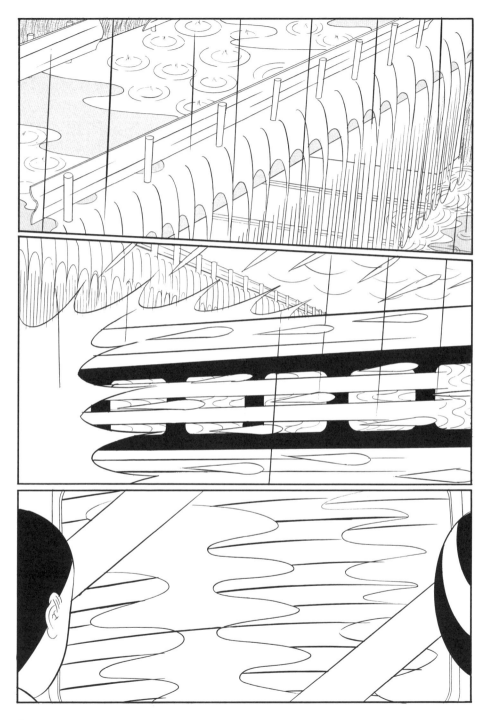

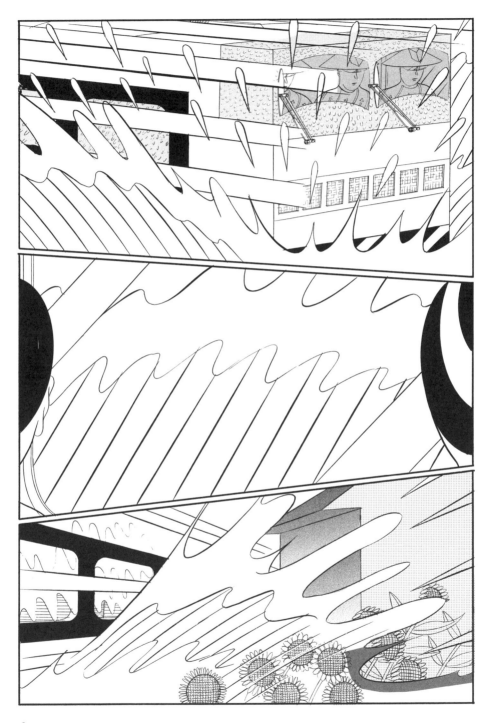

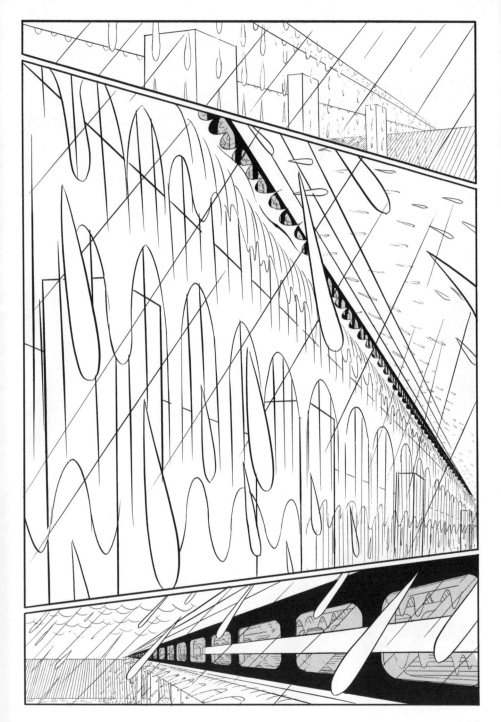

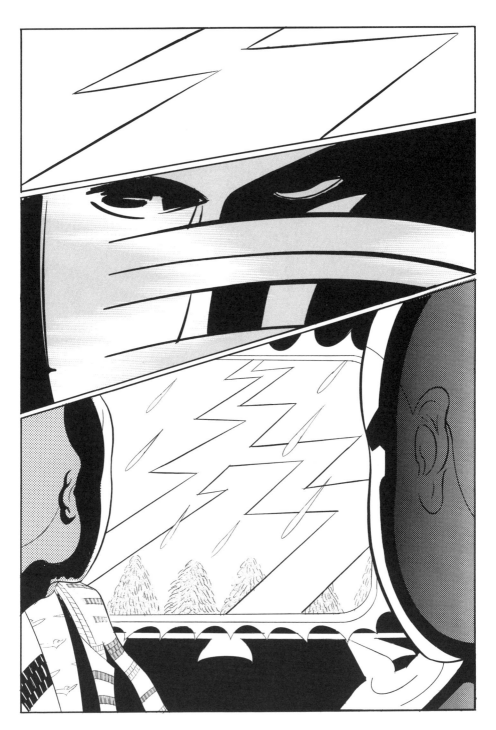

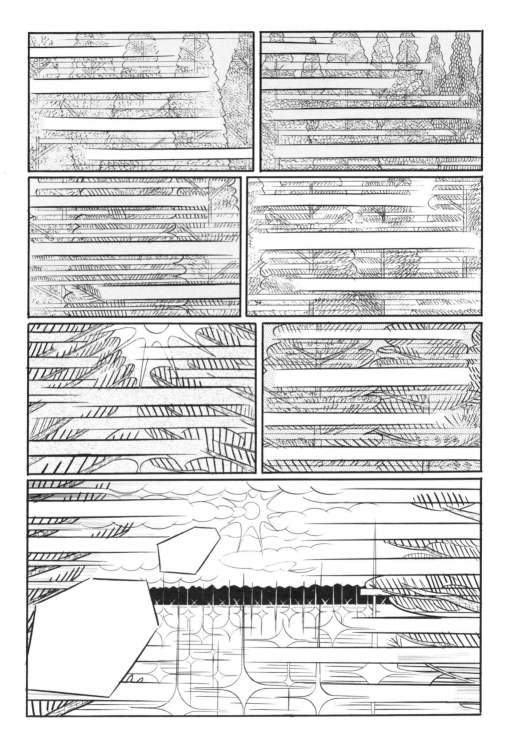

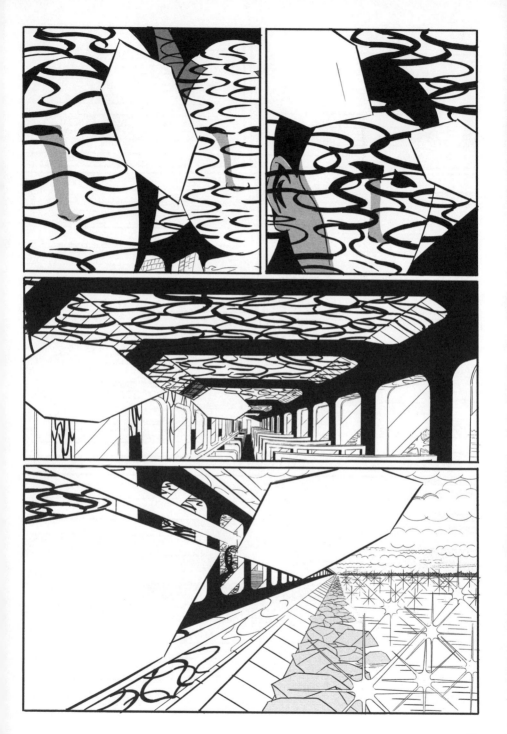

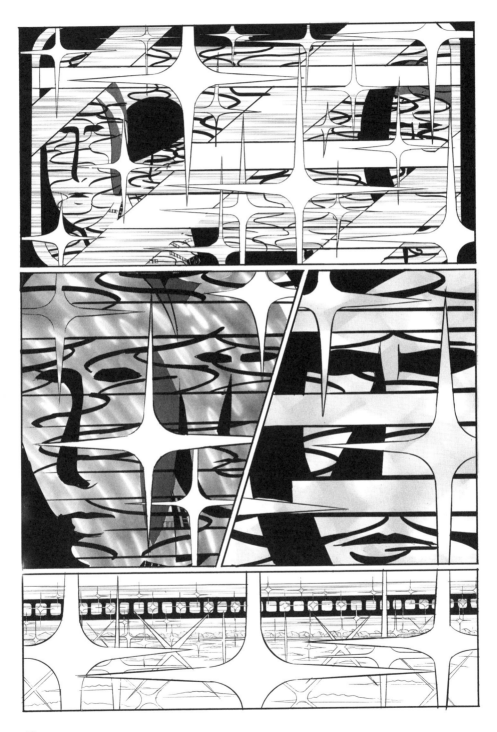

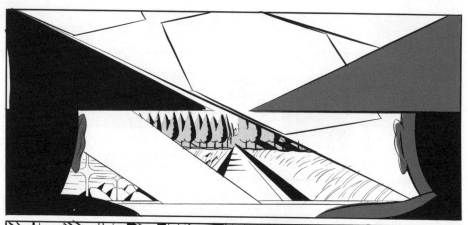

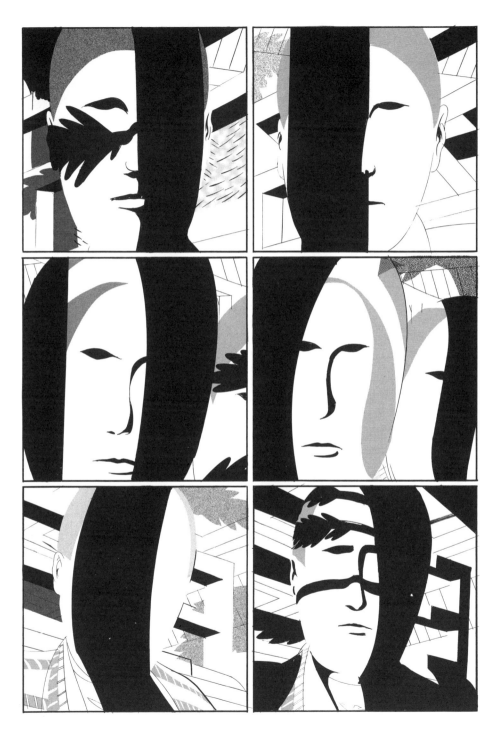

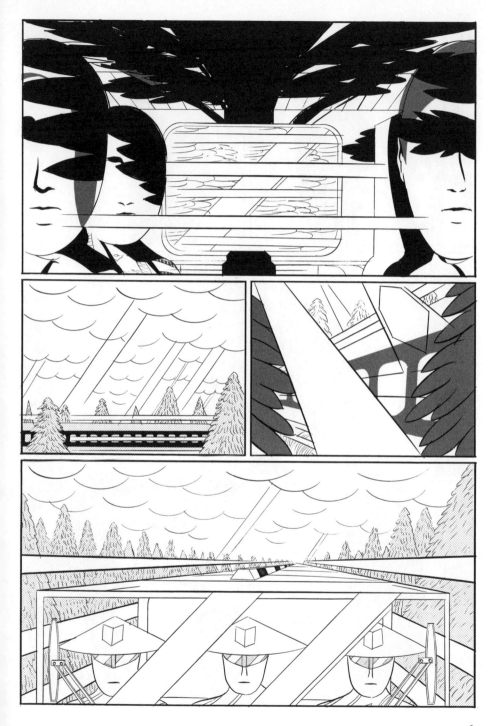

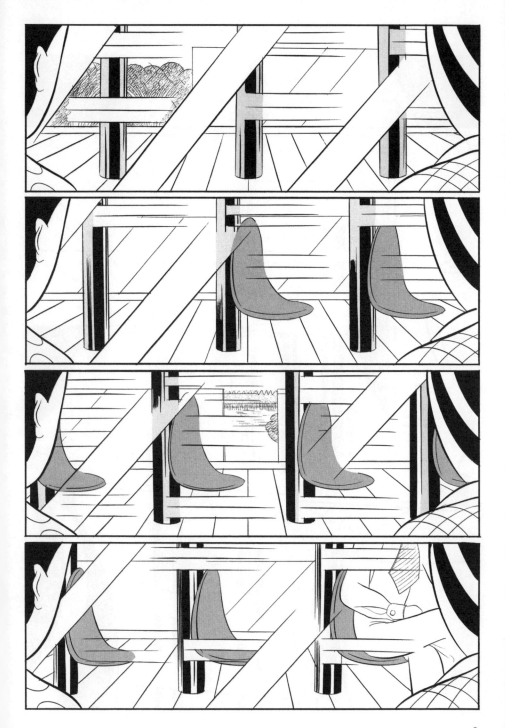

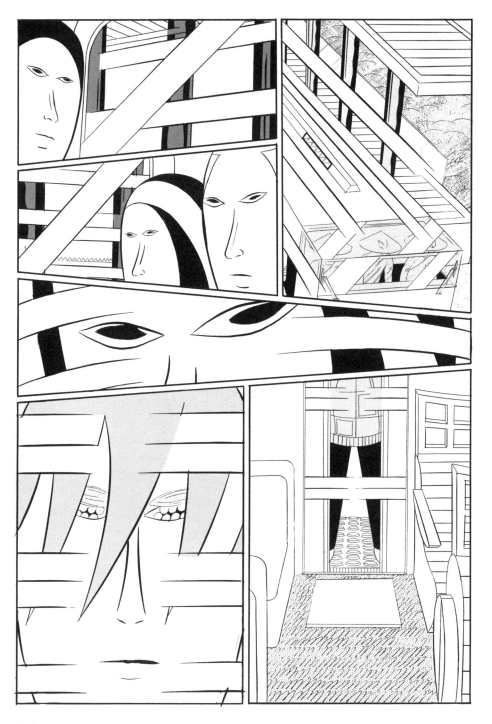

106

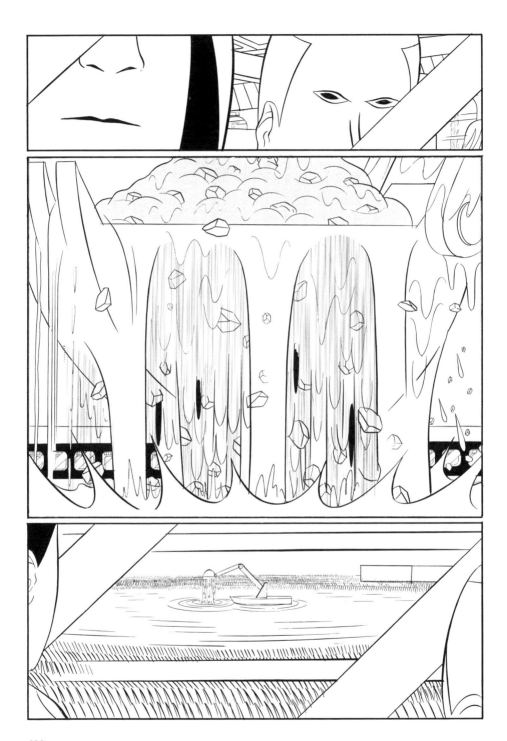

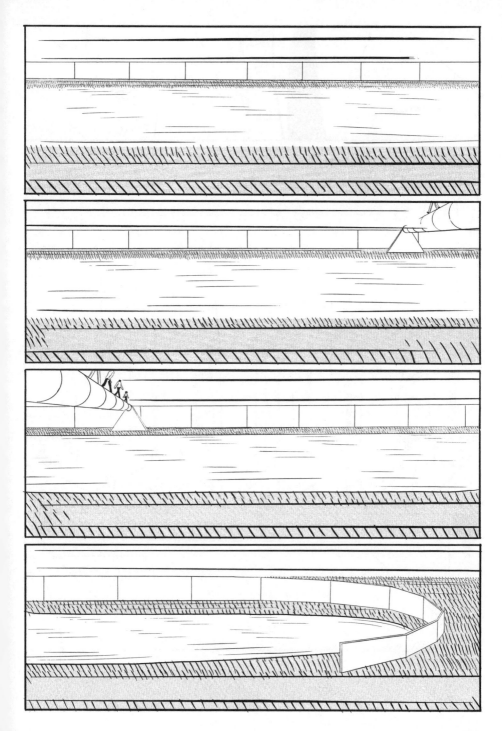

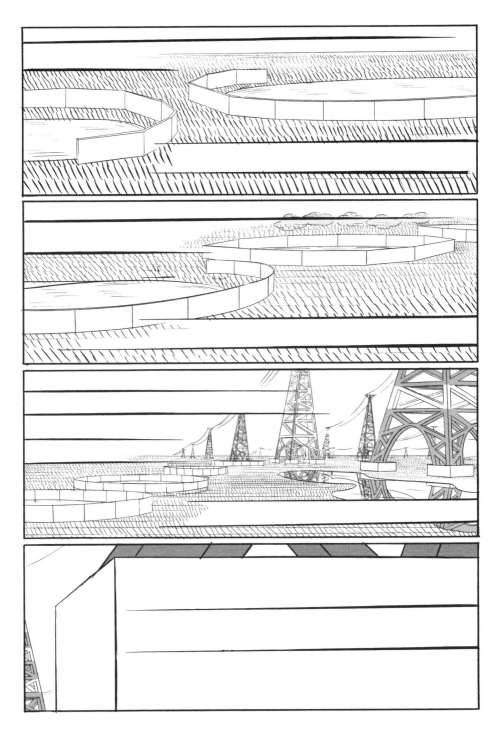

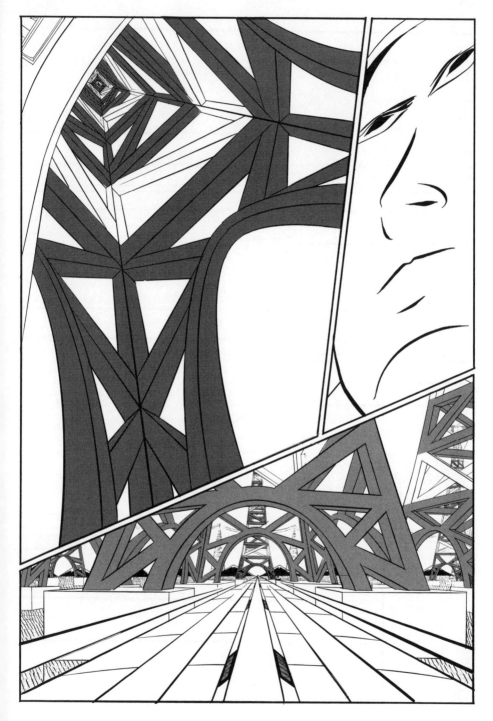

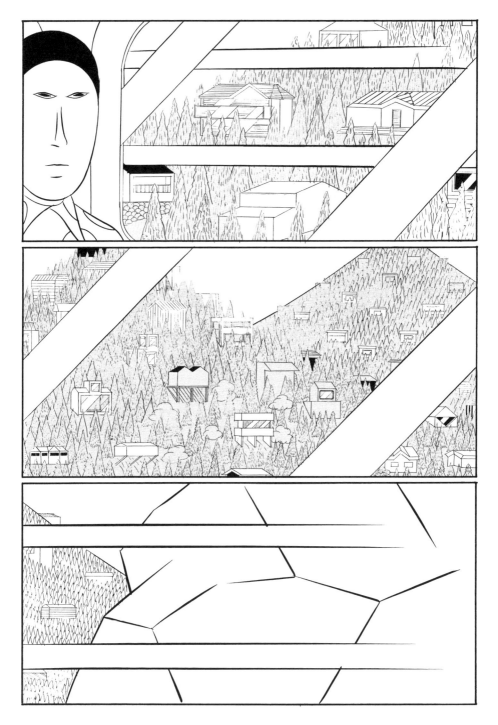

114

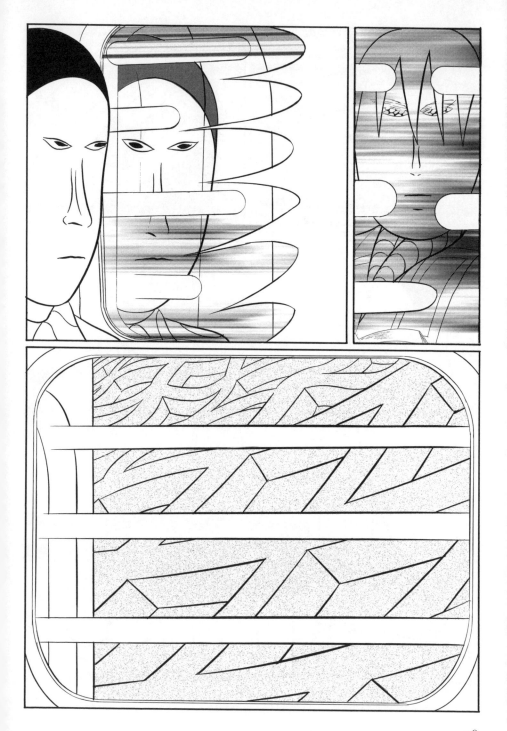

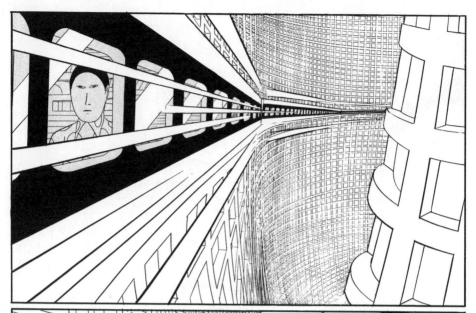

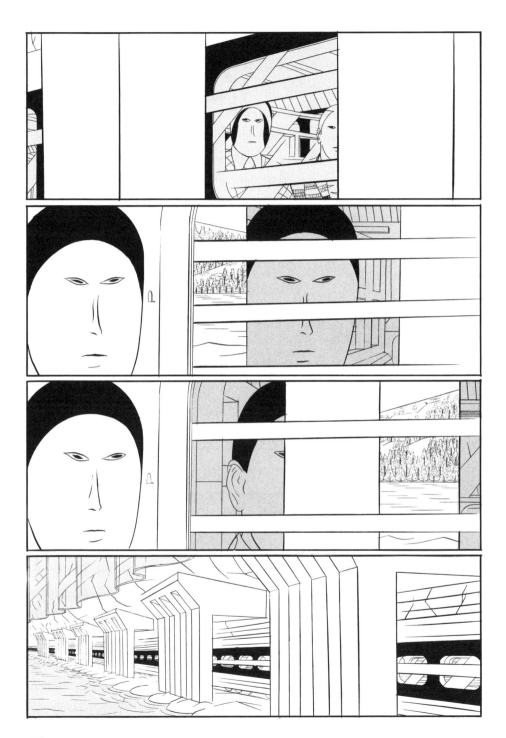

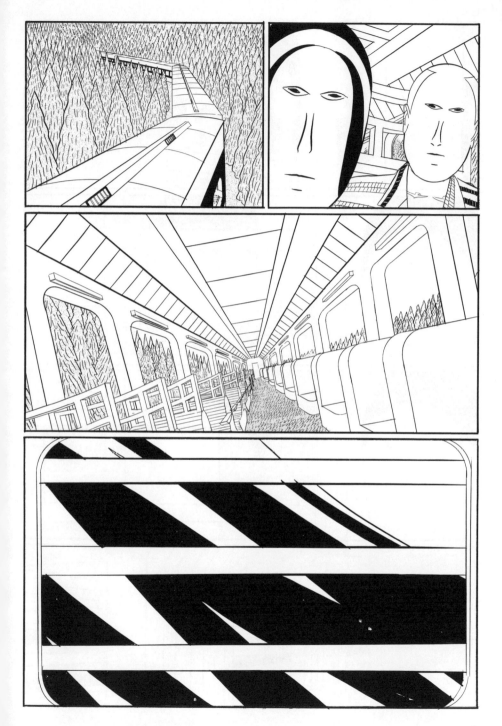

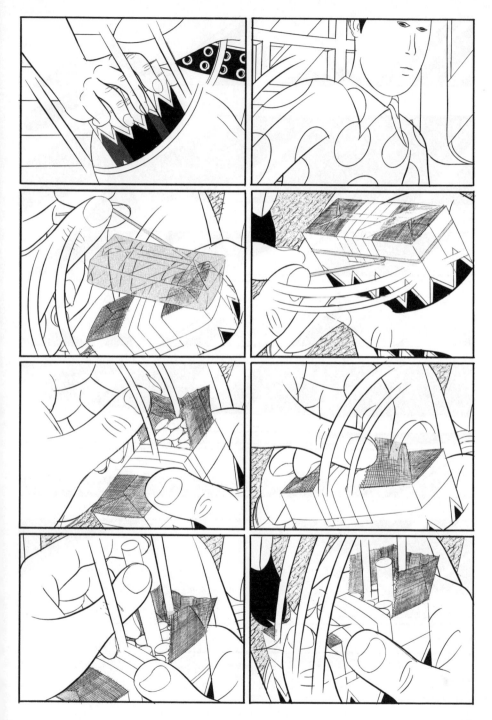

129

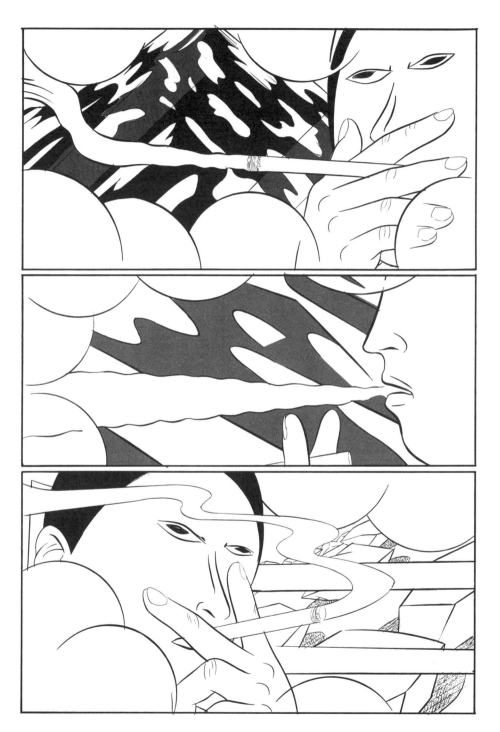

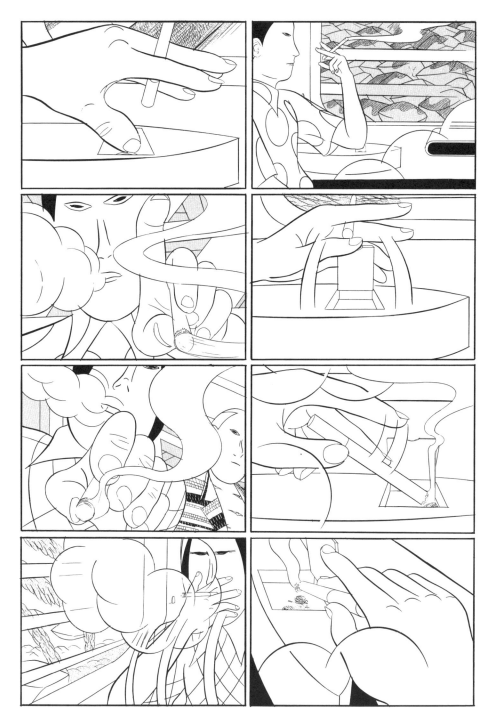

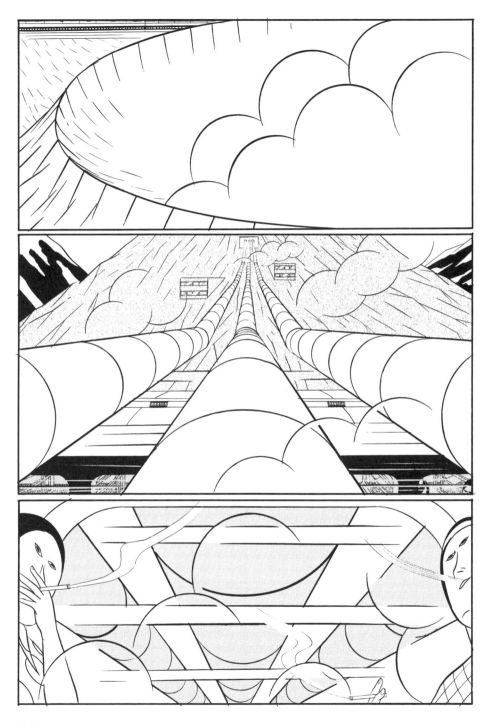

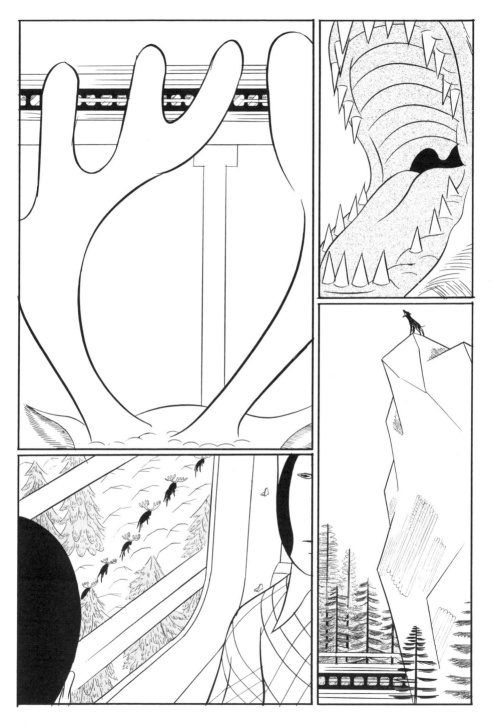

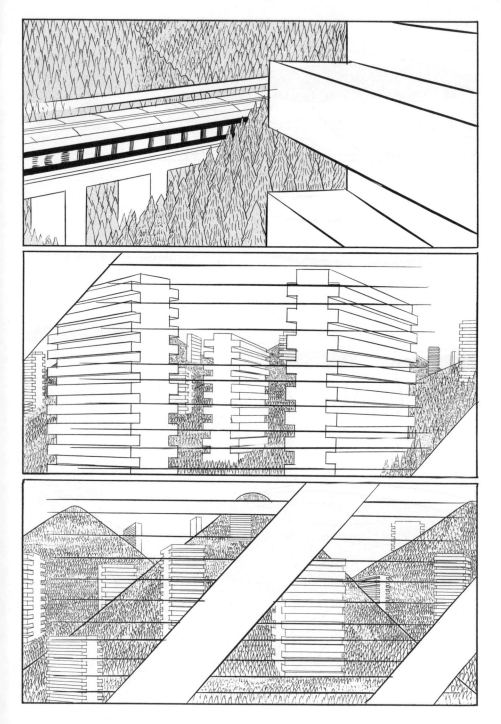

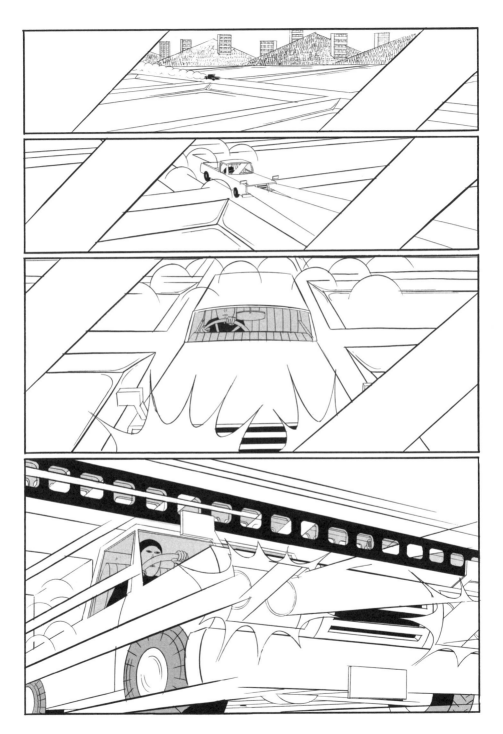

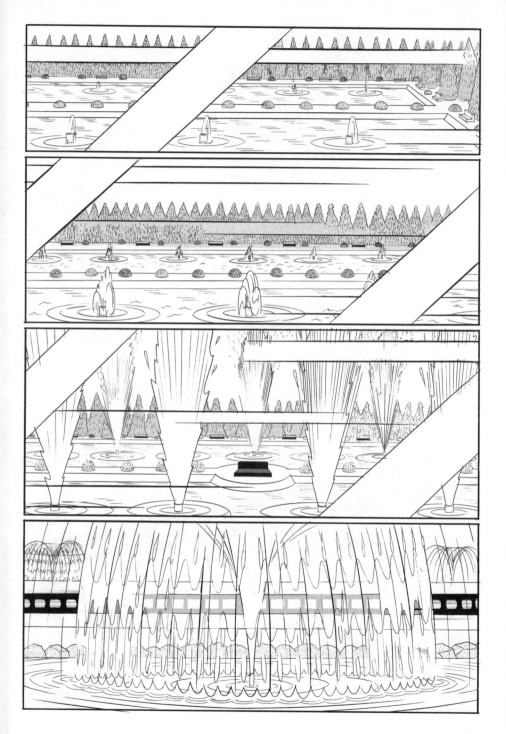

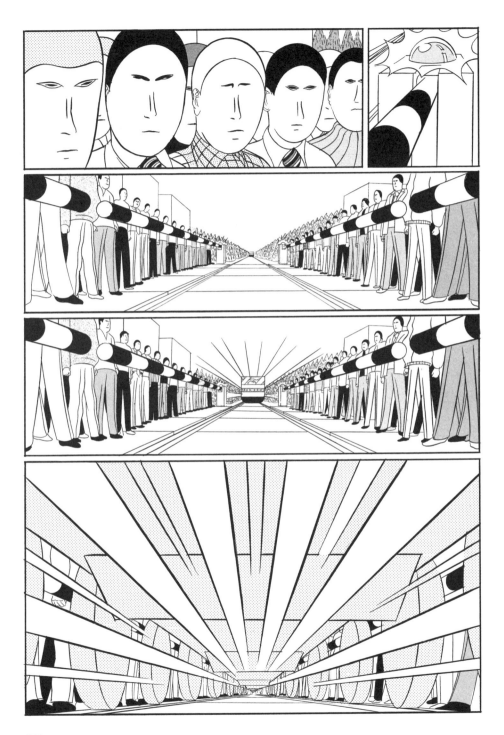

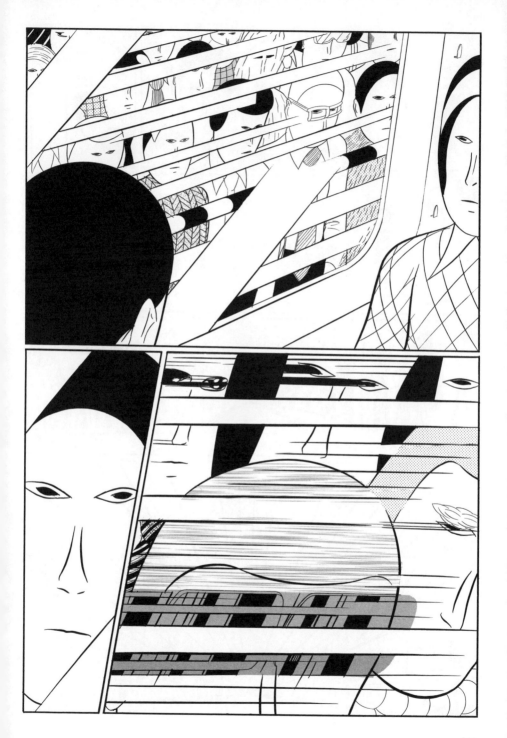

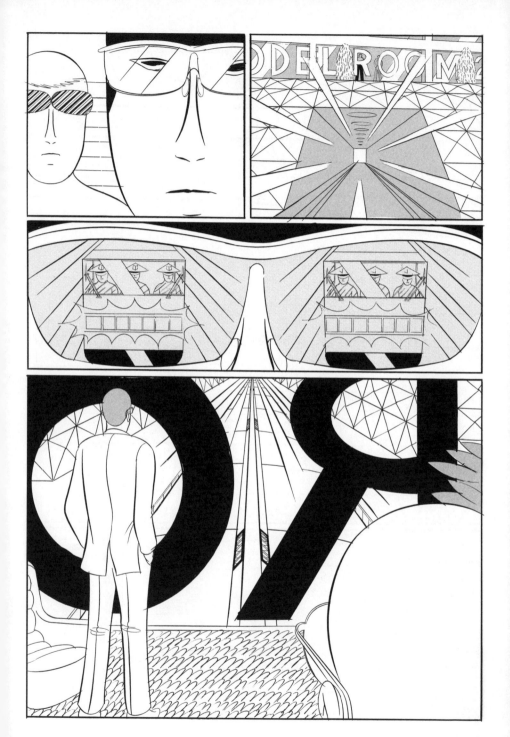

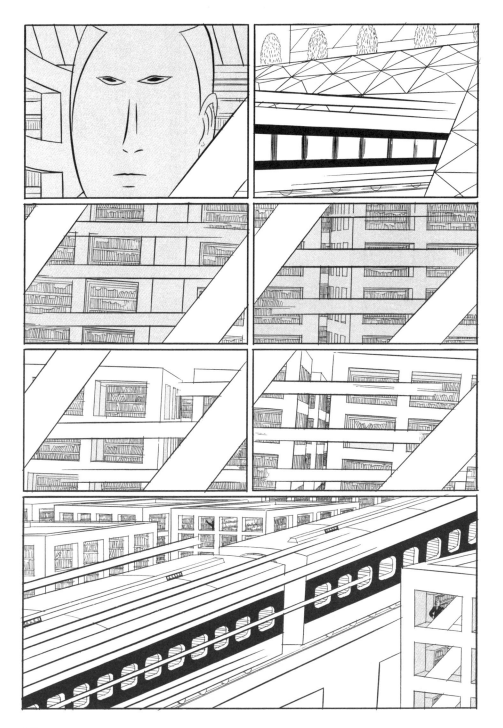

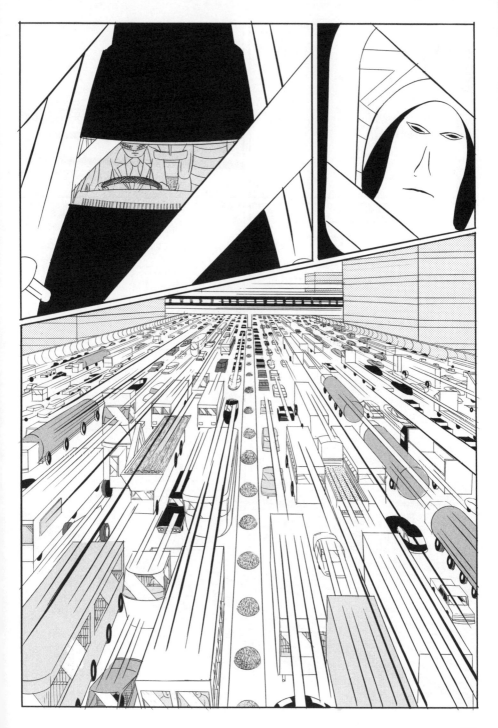

150

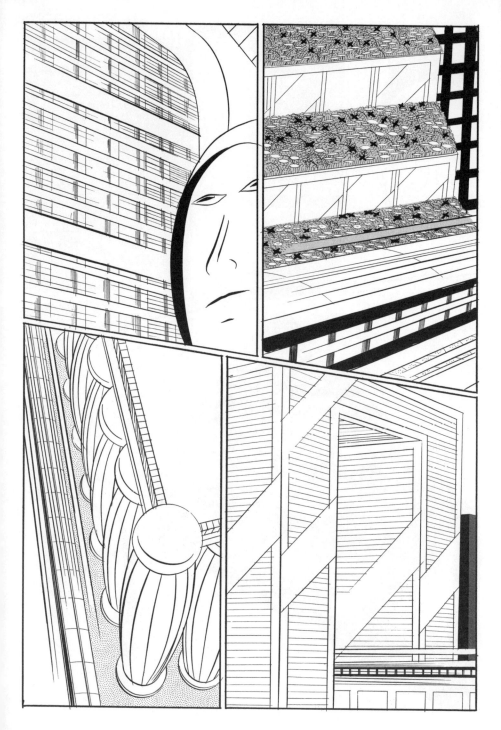

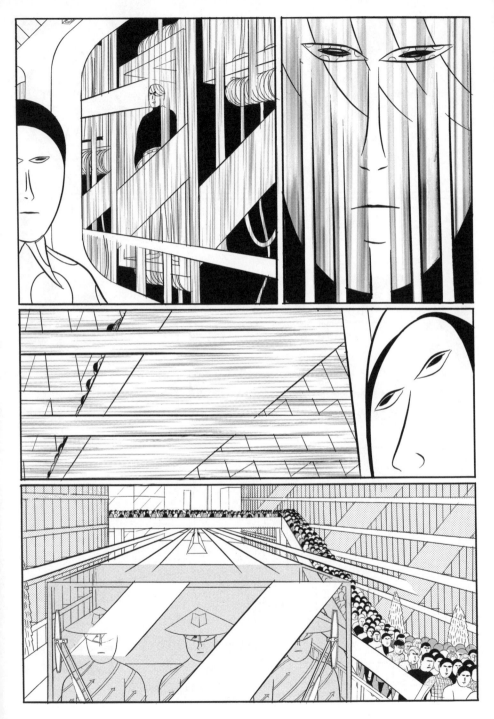

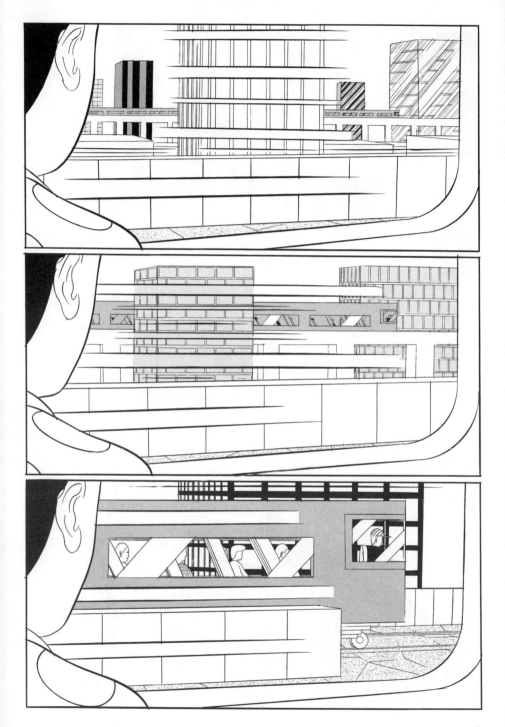

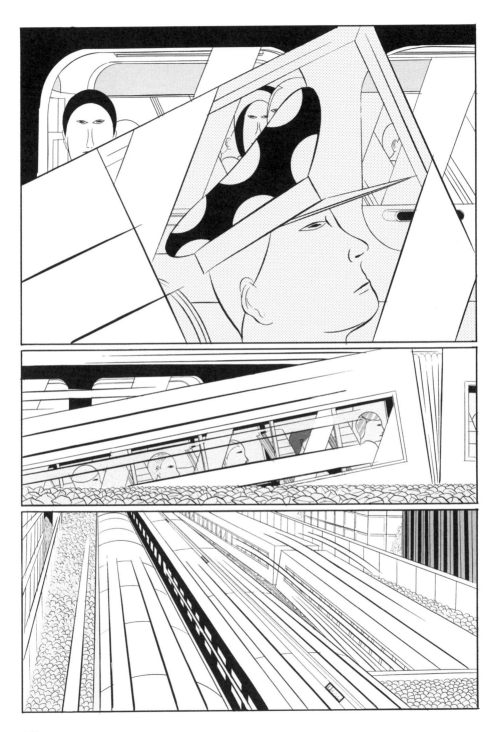

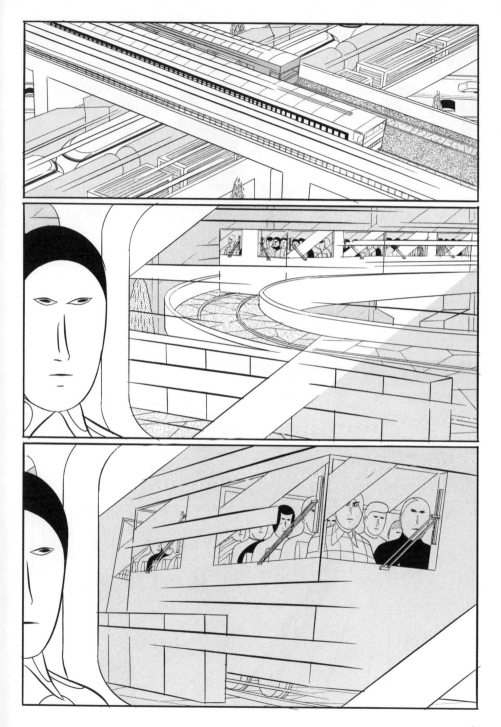

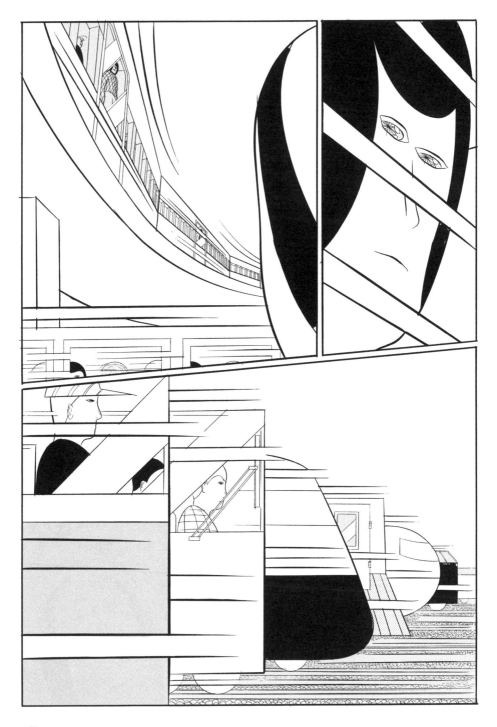

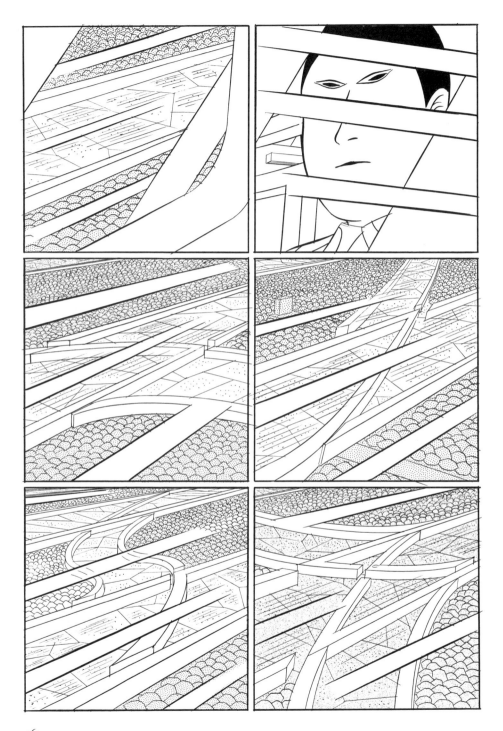

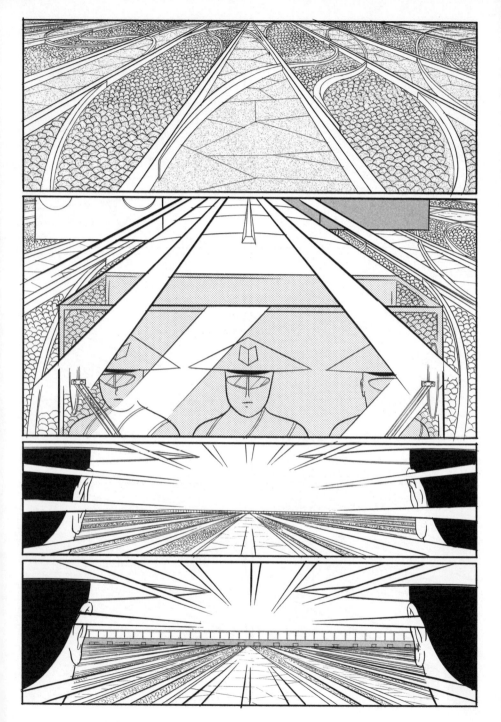

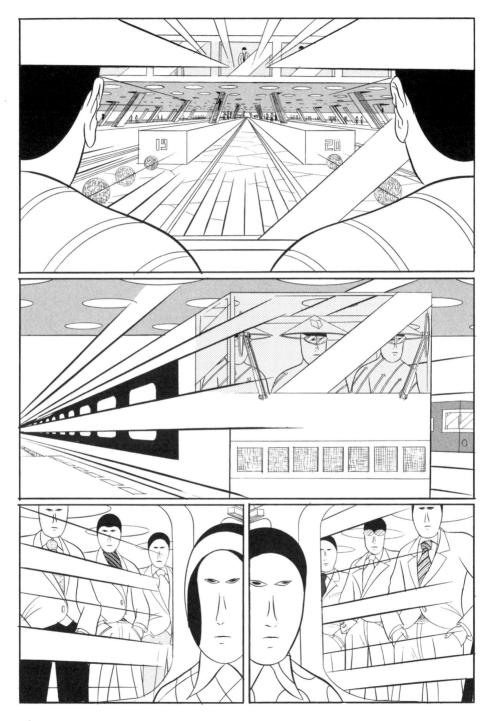

163

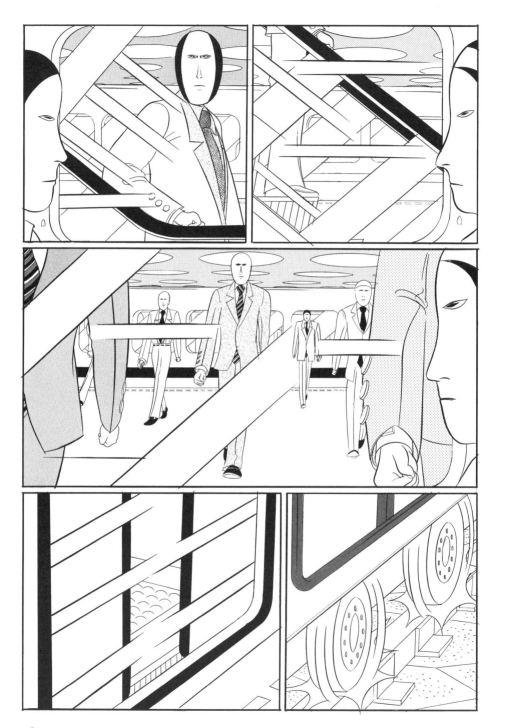

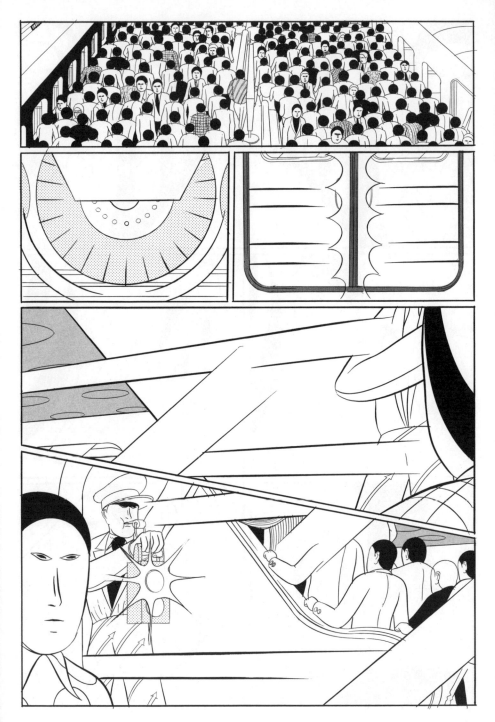

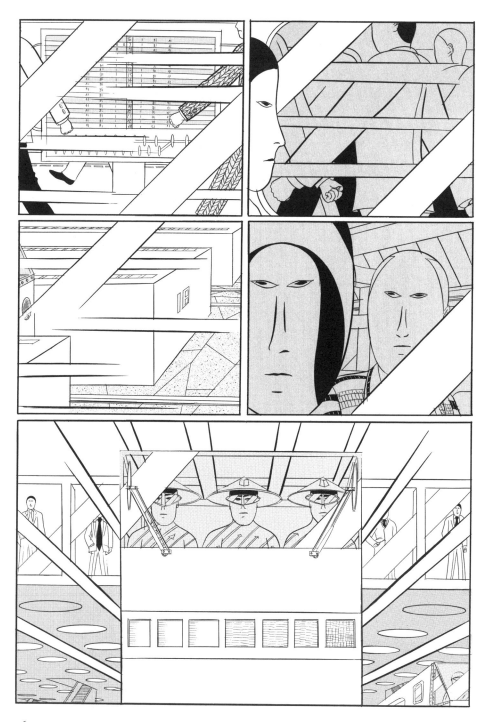

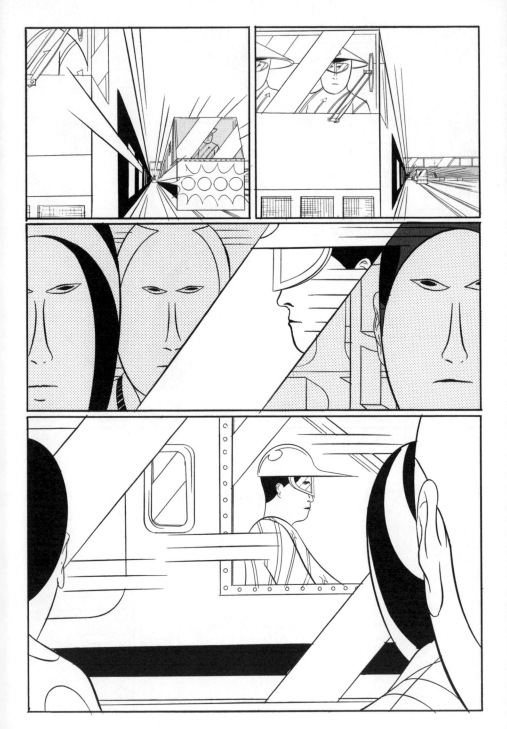

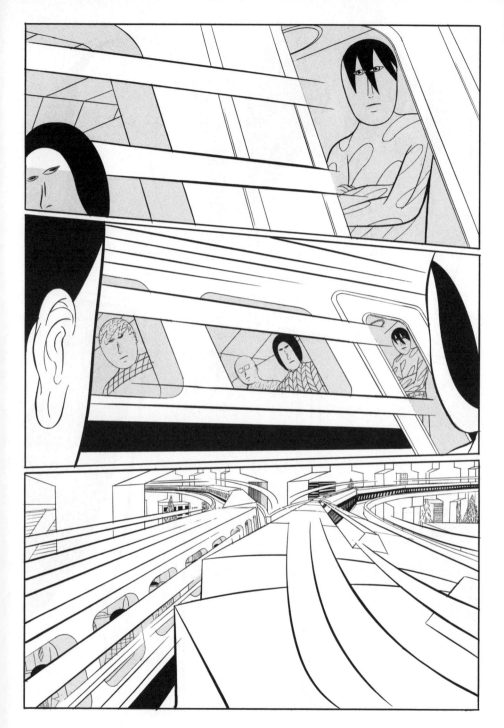

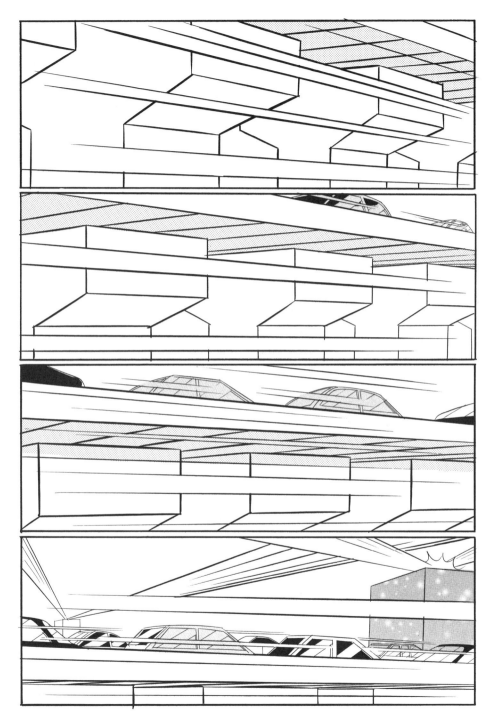

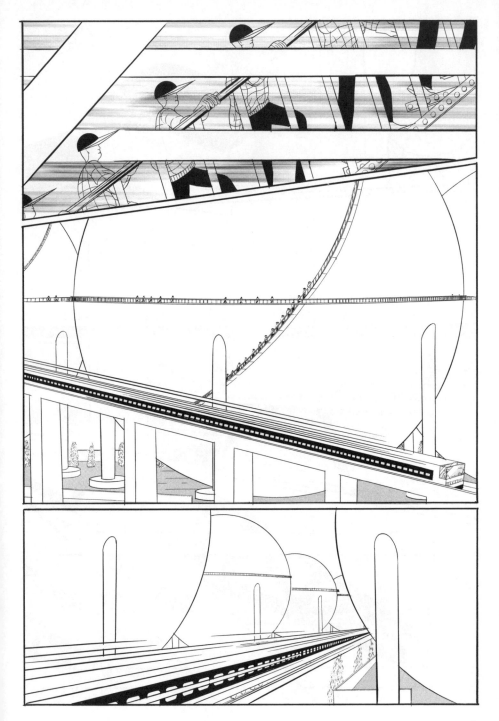

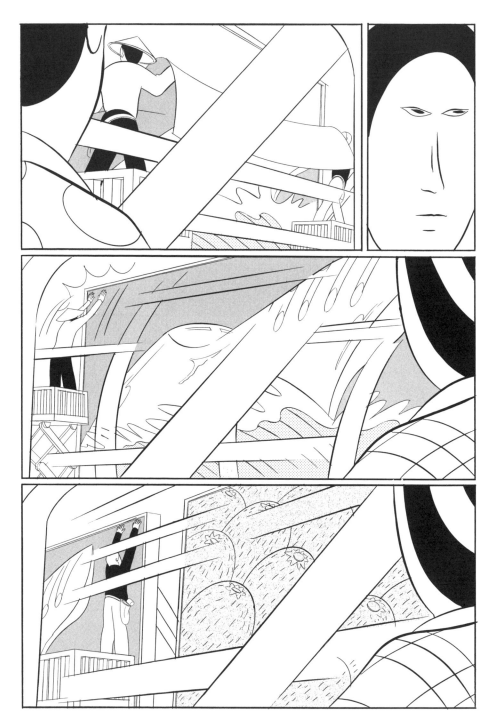

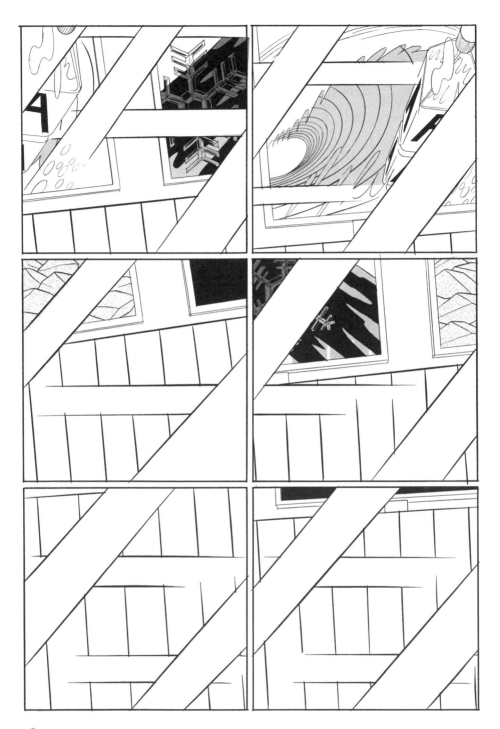

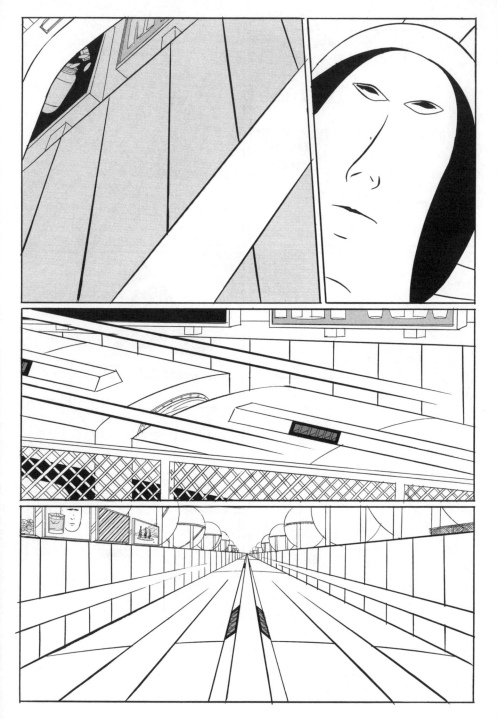

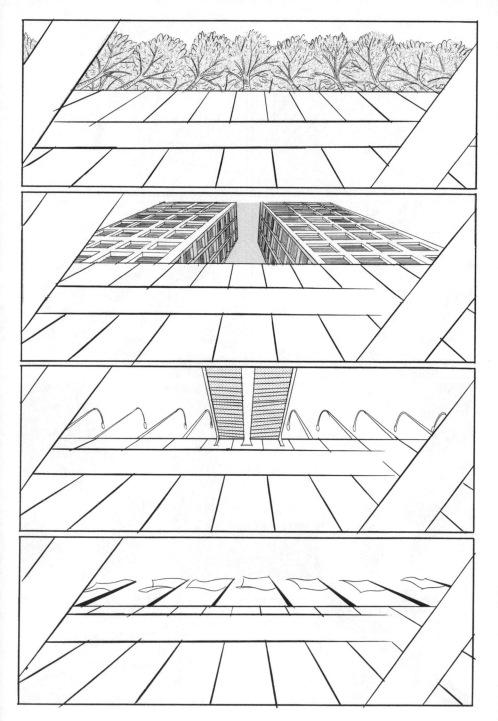

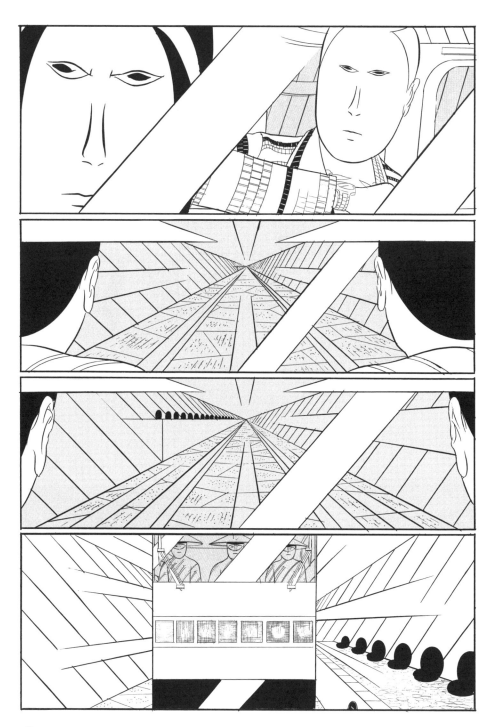

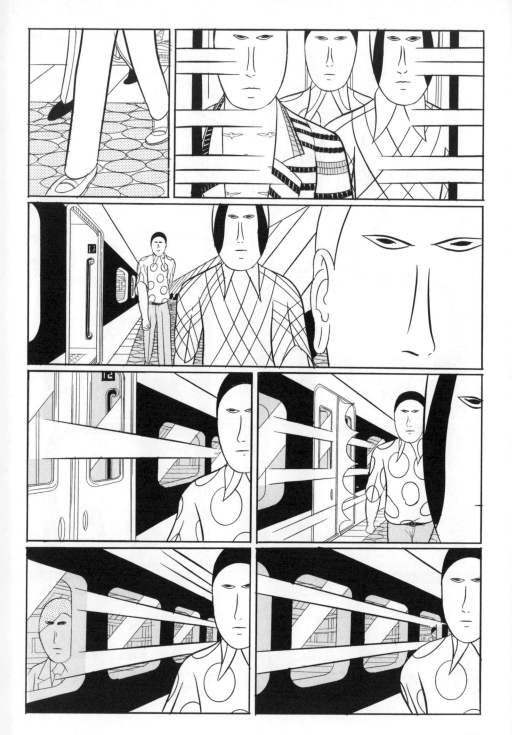

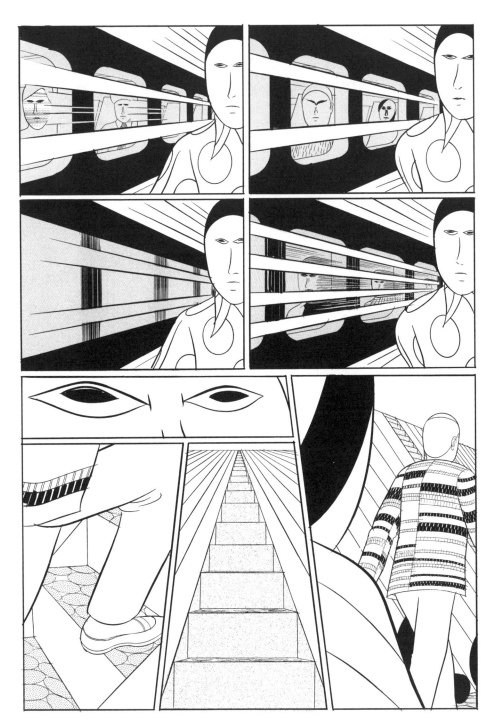

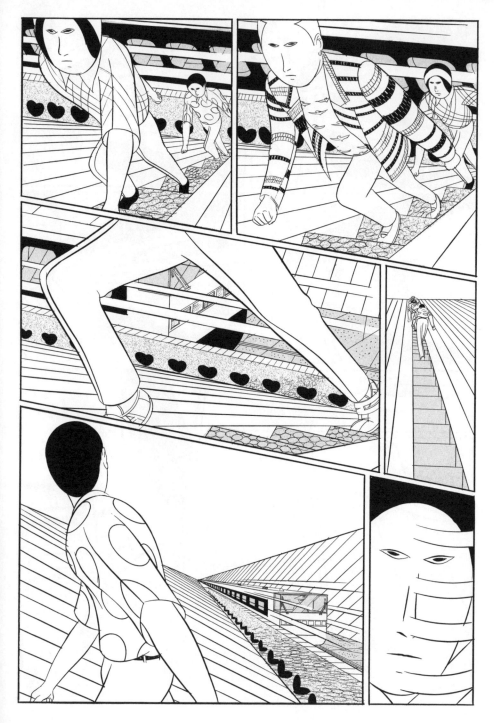

Achevé d'imprimer en août 2005
sur les presses de l'imprimerie Actis
à Paris (75019)

ISSN 1765-7717
ISBN 2-9520842-4-6
*Imprimé en France*